A Leonardo y Jade, nuestros compañeros de aventuras

Azul y salvaje

Los increíbles animales marinos de **Baja California**

Cecilia Soldatini
Yuri V. Albores Barajas

Ilustraciones de
Monica Parussolo

SUNSET & VENICE

IUCN

La Lista Roja de Especies Amenazadas de la Unión Internacional para la Conservación de la Naturaleza (IUCN por sus siglas en inglés) es la fuente de información más exhaustiva del mundo sobre el estado global de conservación de especies de animales, hongos y plantas. Puedes escanear este código QR o irá a la página www.iucnredlist.org/es en la parte de arriba de la página hay un espacio con la lupa, escribe allí el nombre científico de la especie (lo encuentras en la ID card de cada especie) y explora la información sobre su distribución, fotos y mucho más.
¡Que disfrutes!

Una península y su bestiario marino

Horacio de la Cueva

Baja California fue una isla en la imaginación de los exploradores europeos. Sabemos que es una península casi una isla, llena de paisajes, personajes y secretos fascinantes. La península semeja un brazo que cuelga de California, rodeada de dos mares vivos y contrastantes. Su costa oeste enfrenta al Pacífico que trae aguas frías en la parte norte y aguas tropicales en la sur. Su costa este abraza al golfo de California - también llamado mar de Cortés o mar Bermejo (rojo). Las condiciones oceanográficas de ambos permiten un alta productividad por lo que ambos tienen vida rica y diversa. Jacques Costeau no dudó en llamar al golfo de California el acuario del mundo.

La imaginación ha conocido y creado bestias según descripciones e interpretaciones, fantasías, sueños, temores y pesadillas que la realidad que los inspiró. Los bestiarios, libros antiguos que ilustraban a estas bestias, no superan a la realidad y riqueza biológica que la evolución ha creado ciegamente. Nos rodean animales, plantas y seres microscópicos que desafían nuestra imaginación en su forma, y donde y como viven.

Este libro no es la enciclopedia de los animales de los mares de la península, es una narración tan fantástica como la del mejor bestiario pero basada en el conocimiento natural y científico que tenemos de cada una de estas especies. Cada animal aquí tiene una vida que debemos cuidar y amar porque tienen valor en sí mismos y porque tenemos la responsabilidad de amarlos y mantenerlos vivos.

Los pelícanos son aves muy peculiares, con un **pico** impresionante **muy largo** y con un **amplio saco gular**. Cuando observas a un pelícano adulto alimentando a un polluelo, podría impresionarte que el polluelo mete la cabeza dentro del saco gular para obtener el alimento. Parecen tan rudos y el saco tan frágil que se podría romper en cualquier momento, pero no, están perfectamente adaptados para eso.

Puedes observarlos **volando muy cerca de la superficie del mar**, casi tocándola con la punta de las alas, sin esfuerzo gracias a la presión generada entre el agua y las alas.

Con frecuencia realizan una cosa muy rara para un ave marina: cruzan por tierra la frontera México-Estados Unidos, después se dirigen hacia el Pacífico, alcanzando no sólo las Channel Islands, sino también los bulliciosos muelles en San Francisco. Cuando cruzan por tierra, probablemente no ven el mar, ¡por lo que es una gran aventura para un ave marina!
El **largo viaje** de las aguas tropicales de La Paz y Los Cabos hacia las aguas más frías y ricas de San Francisco no está libre de peligros para los juveniles y adultos. De hecho, las artes de pesca utilizadas para la sardina en el Golfo de California son una amenaza para la especie.

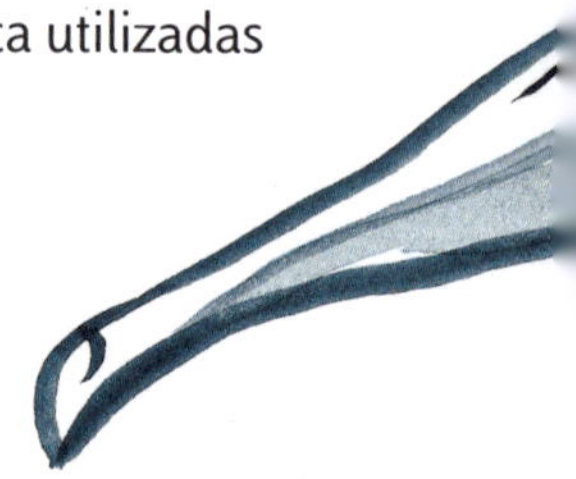

01 El pelícano occidental

Desde el malecón de La Paz al muelle de San Francisco, siempre en los lugares más "cool"

ID Card

- **Nombre científico:** *Pelecanus occidentalis*
- **Envergadura:** 2 m
- **Peso:** 5 kg
- **Longevidad:** alrededor de 30 años
- **Dieta:** pescado, con preferencia para las sardinas
- **Reproducción:** pone de 1 a 3 huevos en nidos de ramas en el suelo o acantilados, se reproduce de manera asíncrona desde diciembre hasta mayo-junio.
- **Estado de conservación:** preocupación menor
- **Signos particulares:** normalmente se clavan desde una altura de 30 metros, adquiriendo una forma de flecha, utilizando su peso para alcanzar mayores velocidades y profundidades

Los pelícanos quedan atrapados en las **redes**, tratando de obtener alguna sardina, y se enfrentan a la muerte por lesiones o ahogamiento. Además, para los juveniles no es fácil aprender cómo clavarse y pescar, por lo que pueden lesionarse el cuello o las alas durante los entrenamientos.

Como para muchas aves marinas, la competencia por los recursos alimenticios es muy grande, y los humanos somos sus principales competidores, capturando enormes cantidades de **sardina**, el alimento favorito de los pelícanos.

Curiosidad

El saco gular es de piel, que también cubre todo el pico a excepción de la punta a gancho. La utilizan como red para capturar peces y dejar salir el agua y tragar la presa directamente del saco. No necesitan dientes o un pico afilado para esto.

¿El pez más grande del mundo se alimenta de los organismos más pequeños presentes en el océano? Aunque parezca extraño, si, el tiburón ballena es un **filtrador** y se alimenta de **plancton**. Alcanza los 18 metros de longitud, mientras que el plancton puede medir menos de un milímetro, por eso se alimenta en áreas donde puede encontrar mucho.

Al tiburón ballena le gustan las **aguas cálidas tropicales**, como las que se encuentran dentro del Golfo de California. En particular, existen dos lugares donde es fácil verlos y nadar con ellos: Bahía de los Ángeles y Bahía de La Paz. Es una experiencia única e inolvidable. De lejos te saluda moviendo la punta de su aleta caudal fuera del agua.

Al acercarse se puede ver como el movimiento de estrellas bajo el agua: son los **puntos blancos** en su piel. Es una característica distintiva: puedes saber

02 El tiburón ballena

El gigante gentil

si estás nadando con un individuo o con otro, ya que cada uno ipuede ser identificado por el patrón de manchas en su cuerpo!

Aún se conoce poco de su biología, pero muchas personas están tratando de investigar cuáles son las zonas más importantes para su conservación, cuáles son los problemas que enfrentan, dónde nacen las crías, que zonas visitan en sus desplazamientos, etc.

El tiburón ballena nada alrededor de **25 km por día** y puede hacer algunos movimientos oceánicos de muy larga distancia.

Recientemente, los científicos rastrearon a una hembra de tiburón ballena desde el Pacífico oriental hasta el Indo-Pacífico occidental por 20.142 kilómetros durante 841 días, la ruta de migración de tiburón ballena más larga jamás registrada.

ID Card

- **Nombre científico:** *Rhincodon typus*
- **Tamaño:** 18 metros de longitud
- **Peso:** 9 toneladas
- **Longevidad:** de 70 a 100 años
- **Dieta:** plancton, krill, pequeños calamares y pequeños peces
- **Reproducción:** las crías se desarrollan dentro de un huevo dentro del cuerpo de la madre. No nacen todos a la vez, sino en un período prolongado. La madre da a luz a crías jóvenes de 40 a 60 cm de largo
- **Estado de conservación:** en peligro de extinción
- **Signos particulares:** patrón de manchas en su piel

Curiosidad

Los tiburones ballena filtran y tamizan el plancton y los pequeños calamares, krill y pequeñas larvas con sus branquias para su alimentación. También tienen dientes, 3000 dientes pequeños de menos de 2.5 cm de largo, pero no los usan para comer.

03 El albatros de Laysan

El ciclista de la luz

ID Card

- **Nombre científico:** *Phoebastria immutabilis*
- **Envergadura:** 210 cm, es uno de los albatros más pequeños
- **Peso:** 3,5 kg
- **Longevidad:** el albatros wisdom con 70 años es la más vieja ave silvestre conocida
- **Dieta:** come principalmente calamares
- **Reproducción:** pone un solo huevo que pesa alrededor de 25% de la mamá
- **Estatus de conservación:** casi amenazada
- **Signos particulares:** tienen grandes ojos oscuros

Los albatros son **las aves más grandes del planeta**. Pueden llegar a medir 3.5m de punta a punta de las alas! En tierra, los albatros son animales torpes, caminan dando un paso de balanceo y cuando aterrizan parecen caer como sacos de papas.

El albatros de Laysan es uno de los más pequeños. Es una de las **4 especies** de Albatros que vive en el hemisferio norte y se reproduce en las islas del Pacífico. Una de ellas es una isla mexicana: **Guadalupe**, a 260 km de la península de Baja California.
Llegando a tierra hacen un **baile** para decir cuán felices están de volver a verse después de largos viajes en el mar. En parejas, uno frente al otro, realizan un baile, siempre más rápido y muy coordinado, llamado secuencia de cortejo. Es un baile con un mensaje muy claro: "si no eres capaz de bailar conmigo, ¿cómo podemos ser una pareja?", por eso ponen mucho esfuerzo en ello. Al mismo tiempo emiten unas **vocalizaciones** que parecen silbidos modulados por el rápido movimiento de la cabeza que termina con la extensión del cuello hacia arriba.

Cuando están en mar, ahí sí se puede admirar su **potencia y agilidad**, jugando entre el viento y las olas, sin siquiera cerrar sus alas. Sin esfuerzo pueden recorrer kilómetros y kilómetros, dar la vuelta al mundo o casi. En el albatros, el ascenso dinámico aumenta la altura y disminuye su velocidad, luego va descendiendo, donde si puede aumentar la velocidad y luego se vuelve a remontar. El impulso es una fuerza ascendente debida a la presión del aire debajo del ala que genera una fuerza que aumenta la velocidad. Esa fuerza permite al albatros y otras aves marinas cubrir grandes distancias sin tener que aletear, simplemente planeando.

Los **vuelos de forrajeo** (alimentación) en el periodo de reproducción pueden durar 15/18 días y recorrer 8000 km antes de regresar a la colonia. El viento fuerte es su aliado, los hace volar más rápido, en condiciones de viento fuerte puede alcanzar velocidades de 100 km/h, mientras cuando hay poco viento se quedan flotando en el agua.

Curiosidad

Los Albatros de Laysan comen principalmente calamares, que se acercan a la superficie durante la noche: esto los hace depredadores nocturnos. Pero como no saben bucear tienen que utilizar la astucia: con su potente sentido de olfacción distinguen las zonas con más concentración de carbono orgánico (que indica la presencia de calamares) y pedalean en la oscuridad sobre la superficie del mar provocando chispas brillantes al mover el agua: es la bioluminiscencia, de microorganismos luminosos. Así los calamares que por la noche se acercan a la superficie, son atraídos por la luz. ¡Sencillo, increíble y mágico!

04 La vaquita marina

El panda del mar

ID Card

- **Nombre científico:** *Phocoena sinus*
- **Tamaño:** 1,5 m
- **Peso:** 55 kg
- **Longevidad:** hasta 20 años
- **Dieta:** calamares y especies de peces generalmente bentónicas
- **Reproducción:** una cría cada 2 años
- **Estatus de conservación:** en peligro critico de extinción
- **Signos particulares:** son los cetáceos más pequeños del mundo

Existe un mamífero marino que se encuentra **únicamente en la parte alta del Golfo de California**, y en ningún otro lado. Aunque su nombre lo indica, la vaquita marina no es un pariente de las vacas que decidió irse a vivir al mar. Es un **cetáceo odontoceto**, como los delfines y las orcas, más bien, es una **marsopa**, un pariente de los delfines con hocico corto y cabeza redondeada.

La vaquita marina es la única especie de marsopa que vive en **aguas cálidas**. Sus parientes cercanos viven en aguas templadas, de no más de 20° C. Esto se debe a que la vaquita marina es una especie relicta, que tenía una distribución mucho más amplia y habitaba también aguas más al sur, llegó en una glaciación y no pudo escapar por el calentamiento posterior, así se quedaron confinadas a la parte alta del Golfo de California. Cuando la temperatura descendió ya no salieron de allí y la especie evolucionó adaptándose al Alto Golfo de California.

La zona que habita cuenta con aguas poco profundas y turbias, por lo que utiliza la **ecolocación** (como los murciélagos) para encontrar alimento. Estas mismas zonas son hogar de la totoaba, una especie de pez de alto valor comercial, pero su pesca es ilegal al tratarse de una especie protegida. Para capturar a la totoaba se utilizan redes que también capturan a las vaquitas que, quedándose atrapadas, mueren por asfixia, llevando a su población **al límite de la extinción**.

Las vaquitas, como las otras marsopas, normalmente se ven solas o en grupos de 2-3 individuos. Empiezan a reproducirse a los tres años y tienen una cría cada dos años, por lo que la población **puede tardar mucho en recuperarse**.

En 1997 se estimaron 579 individuos, para 2019 sólo 17. Ojalá haya todavía cuando tú estés leyendo estas líneas.

Curiosidad

La vaquita tiene unas manchas oscuras alrededor del ojo, por lo que también se les llama "pandas marinos". Son los cetáceos más pequeños del mundo. Se conoce poco de su biología, ya que apenas se describió hace menos de 60 años y ya estamos cerca de perderla para siempre.

05 El murciélago pescador

El pescador nocturno

ID Card

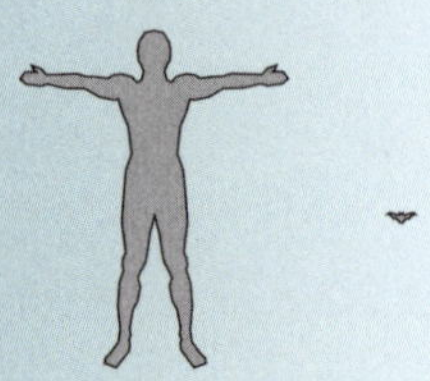

- **Nombre científico:** *Myotis vivesi*
- **Tamaño:** 138 a 163 mm
- **Peso:** 27 gr
- **Longevidad:** hasta 30 años
- **Dieta:** peces marinos y crustáceos, ocasionalmente insectos pequeños
- **Reproducción:** dan a luz a una cría en primavera
- **Estatus de conservación:** vulnearble
- **Signos particulares:** la cola es larga y se extiende más allá del borde del uropatagio. Sus patas están "invertidas" e hidrodinámicas para poder cazar sin afectar su vuelo

¡También los murciélagos comen pescado! Hay varias especies de murciélagos pescadores pero el Murciélago pescador, *Myotis vivesi*, es el único que **pesca en el mar** a pesar de las olas y del viento.

Se encuentra solo en las islas y costas del noroeste de México (península de Baja California y Sonora). Habita **estrechas grietas** y **oquedades** en los riscos y acantilados cerca del mar. Sale cuando ya no se escuchan las aves diurnas y las estrellas empiezan a brillar. Hasta que llega la luz del sol sobrevuela la superficie del mar en busca de **pequeños peces y crustáceos**, en ocasiones vuela en círculos antes de la captura.

Es considerada una **especie rara**, pero **localmente es común**. La colonia más grande se ha estimado entre 12 000 a 15 000 individuos en Isla Partida. Es una especie endémica y en peligro de extinción debido a la introducción de **depredadores**, como ratones y gatos, en las islas donde vive.

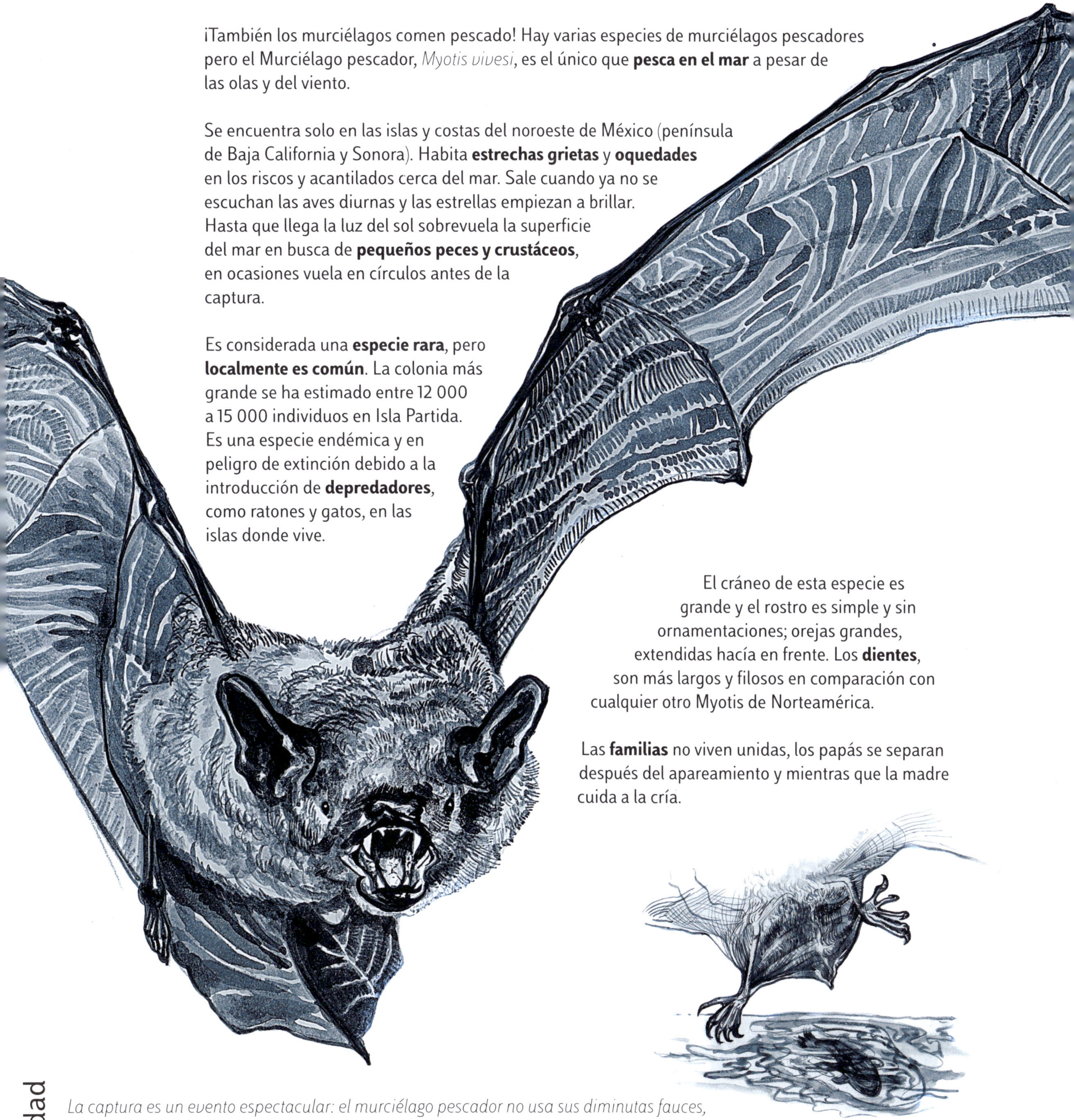

El cráneo de esta especie es grande y el rostro es simple y sin ornamentaciones; orejas grandes, extendidas hacía en frente. Los **dientes**, son más largos y filosos en comparación con cualquier otro Myotis de Norteamérica.

Las **familias** no viven unidas, los papás se separan después del apareamiento y mientras que la madre cuida a la cría.

Curiosidad

La captura es un evento espectacular: el murciélago pescador no usa sus diminutas fauces, tampoco sus afiladas garras, él captura sus presas usando la extensión de su uropatagio, la membrana que tiene entre las patas traseras y su cola. Sin caerse al agua, logra tomar una cucharada de agua marina en que estaba nadando su presa y después la inmoviliza con sus garras para transportarla a su refugio. ¡Todo esto pasa en la oscuridad total usando la ecolocación!

El pez vela, uno de los depredadores más rápidos y feroces de los mares tropicales, vive en las aguas azul intenso del Océano Pacífico frente a la península de Baja California. Su nombre se debe a la **aleta dorsal** muy desarrollada que le permite una extrema **agilidad y rapidez** en los movimientos, mayores de las del tiburón blanco. El pez vela es un depredador tope. Esto significa que está en el nivel más alto de la red alimenticia.

Surca los océanos, casi siempre en solitario, buscando cardúmenes de peces, una vez encontrados los rodea y empieza su frenética danza submarina. Es un **espadachín plateado** con su elegante capa color del mar profundo.
Al empezar su **cacería cambia de color** para confundir a sus presas, se vuelve color marrón. El mar reluce con las escamas de las víctimas. Una vez alcanzadas las presas las aturde con un golpe de su pico a forma de espada. El cardumen desvanece, el pez vela traga su presa, después de tanta excitación se queda observando el azul vacío que lo rodea: hay que empezar a buscar otra vez.

Encontrarlo no es fácil, hay que **seguir las fragatas** (pag. 25) para ver donde hay depredadores marinos que, cazando, acercan los peces a la superficie. Al ver a las fragatas comer sobre la superficie del agua sabemos que posiblemente hay un pez vela en acción. Así los encuentran los pescadores. Si los hombres de mar observaran la danza de éste espectacular espadachín bajo el agua, seguramente no lo cazarían.

06 El pez vela del Pacífico

El más rápido del oeste

ID Card

- **Nombre científico:** *Istiophorus platypterus*
- **Tamaño:** hasta 3 m
- **Peso:** los ejemplares más grandes llegan a pesar 450 kg
- **Longevidad:** hasta 12 años
- **Dieta:** peces pelágicos
- **Reproducción:** las hembras liberan sus huevos en la columna del agua mientras los machos liberan el esperma. El periodo reproductivo tiene un pico entre agosto y octubre
- **Estatus de conservación:** preocupación menor
- **Signos particulares:** las hembras generalmente son más grandes de los machos

Sin embargo, es una de las presas de **pesca deportiva** más preciadas. De hecho, los depredadores más peligrosos para el pez vela son los humanos. Los buscan como trofeos por la dificultad que hay en capturarlos, pero se pescan individuos siempre más chicos, anteriormente de más de 200 kg, y actualmente de 40-50 kg, esto indica que se está afectando la población.

Curiosidad

Es el pez más rápido del mundo, alcanza velocidades de 110 km por hora. Por ejemplo, puede cruzar una alberca olímpica, de 50 metros, en menos de 2 segundos, un nadador olímpico se tarda 21 segundos.

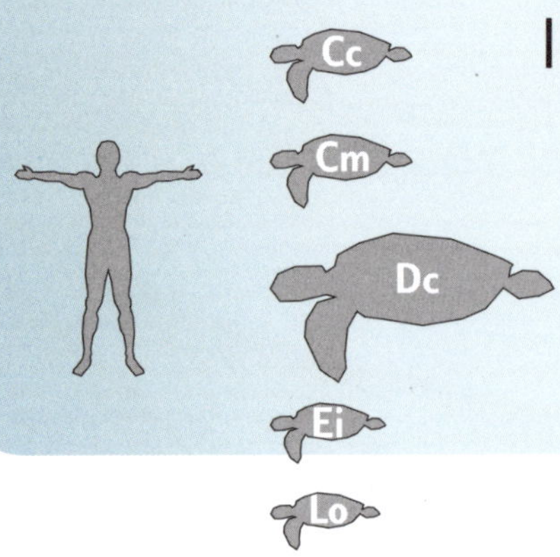

ID Card

- **Nombre científico:** Tortuga caguama *Caretta caretta* (**Cc**), Tortuga prieta *Chelonia mydas agassizi* (**Cm**), Tortuga laúd *Dermochelys coriacea* (**Dc**), Tortuga carey *Eretmochelys imbricata* (**Ei**), Tortuga golfina *Lepidochelys olivacea* (**Lo**)
- **Tamaño: Cc**: 80-110 cm; **Cm**: 83-114 cm; **Dc**: 150-230 cm (¡la más grande!); **Ei**: 71-95 cm; **Lo**: 65-86 cm
- **Peso: Cc**: 70-170 kg; **Cm**: 110-190 kg; **Dc**: hasta 900 kg; **Ei**: 46-70 kg; **Lo**: 35-45 kg
- **Longevidad: Cc**: 70-80 años; **Cm**: 70 años; **Dc**: 40-50 años; **Ei**: 50-60 años; **Lo**: hasta 50 años
- **Dieta: Cc**: carnívora; **Cm**: herbívora cuando adulta; **Dc**: medusas; **Ei**: anémonas, esponjas y crustáceos; **Lo**: omnívora come crustáceos,

07 Las tortugas marinas

El largo viaje de las tortugas marinas

peces y algas
- **Reproducción: Cc** y **Ei**: de 20 a 25 años; **Cm**: de 25 a 35 años; **Dc**: empieza a reproducirse entre los 7 y 13; **Lo**: de 10 a 20 años. Ponen entre 100 y 150 huevos a la vez, según la especie
- **Estado de conservación: Cc**: vulnerable, **Cm**: amenazada; **Dc**: vulnerable; **Ei**: peligro crítico de extinción; **Lo**: vulnerable
- **Signos particulares: Cm**: la más grande registrada medía 152 cm y pesaba 395 kg; **Dc**: es la campeona de las tortugas marinas, la más grande, que bucea más y viaja más lejos. La más grande registrada medía 305 cm y pesaba 916 kg, como un carro pequeño. **Lo**: es la más chica en el área

Es una tibia noche de otoño, de la arena de las playas doradas salen **pequeñas tortuguitas** que con mucho esfuerzo se dirigen hacia el mar guiadas por el **reflejo de las estrellas**. Ese camino es muy peligroso debido a las aves marinas y depredadores terrestres que podrían capturarlas antes que alcancen las olas. Al llegar al agua empiezan su viaje de muchos años y surcando todos los mares para crecer y encontrar pareja para reproducirse.

En su viaje, las tortuguitas aprovechan la protección de **balsas de vegetación** donde también pueden encontrar algas y pequeñas presas de qué alimentarse. Poco a poco su **caparazón de cuero** crece y se hace **más duro**, protegiéndolas de los depredadores y pueden dejar su escondite. A partir de ahí, el riesgo principal son pedacitos de **plásticos** de colores y **bolsas flotantes** que pueden ser confundidos con crustáceos y medusas, lo que significaría sofocarse y morir.
Si sobreviven a los muchos peligros del océano, a las redes fantasmas y a la contaminación, después de aparearse en mar, las hembras nadarán hasta la playa donde nacieron hace muchos años, se arrastrarán hasta pasar la línea de marea y allí escarbarán un **hoyo profundo** para deponer sus **decenas de huevos esféricos**. La **temperatura de la arena** determinará si nacerán **machos o hembras**, para que continúe el ciclo de la vida.

En los mares de la **Baja California** viven **5 de las 7 especies de tortugas marinas** presentes en el mundo, de estas, tres especies se quedan en la región para anidar: la única especie que anida regularmente en las playas de Baja California es la tortuga golfina, mientras que la tortuga laúd y la tortuga prieta lo hacen esporádicamente.

Curiosidad

Dos especies, la tortuga caguama y la tortuga carey, visitan las costas sólo para alimentarse, la caguama se reproduce en Japón. Esto significa que en sus viajes cruza seguido el Océano Pacifico para desplazarse entre sus áreas de anidación y de alimentación.

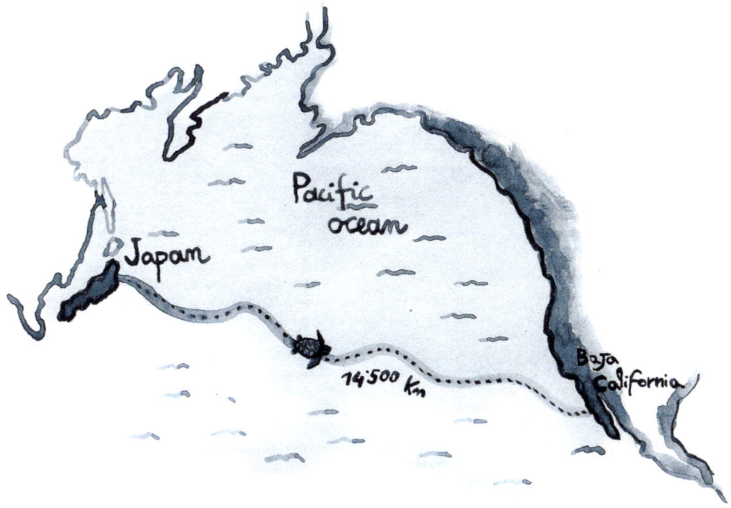

El "demonio rojo". Así es como llaman los pescadores al calamar de Humboldt del Golfo de California por su **color rojo intenso**. Su **enorme tamaño** y **ferocidad** le han ganado este sobrenombre. Su crecimiento es de los más rápidos registrados en el mundo animal. Sin embargo, su tamaño no le impide tener una **velocidad** y **maniobrabilidad** impresionantes.

Cuenta con **ocho brazos musculares** y **dos tentáculos**, cada uno de estos con hasta **1200 ventosas**. Cada una de estas ventosas, puede tener más de 24,000 pequeños dientes muy filosos para atrapar a su presa, por lo que es casi imposible que las presas escapen.

Se mueven mediante **propulsión a chorro**, lo que los hace muy veloces, y pueden atacar en menos de un segundo, abrazando a sus presas con los brazos y tentáculos y llevándolos hacia un pico hecho de quitina, que desgarra a las presas.
Normalmente no son solitarios, sino que atacan en grupo. Se han observado grupos de hasta 1200 individuos en coordinación atacando presas mucho mayores que ellos. Para distraer a sus presas, los calamares de Humboldt **cambian de color**. En caso de ser atacados, expulsan tinta para escapar de sus depredadores. Se cree que el canibalismo está asociado a los calamares pequeños que caen atrapados en los anzuelos.

Durante el día es imposible verlos, se encuentran a varios cientos de metros de profundidad, pero al oscurecer, realizan una **migración vertical** hacia la superficie, donde encuentran las condiciones de poca

08 El calamar de Humboldt

El "demonio rojo"

ID Card

- **Nombre científico:** *Dosidicus gigas*
- **Tamaño:** puede alcanzar más de 2 m
- **Peso:** hasta 50 kg
- **Longevidad:** viven máximo dos años
- **Dieta:** pequeños peces, crustáceos, cefalópodos y copépodos
- **Reproducción:** las hembras pueden poner más huevos de cualquier cefalópodo conocido (pulpo, calamar): ¡hasta 20 millones de huevos! Se reproducen a través de la fertilización interna y ponen grandes masas de huevos de al menos un millón de huevos
- **Estado de conservación:** no hay datos
- **Signos particulares:** tienen tres corazones y su proporción tamaño del cerebro/cuerpo lo hace uno de los animales más inteligentes

luz que prefieren y alimento en abundancia. Llevan a sus presas a profundidades grandes para que se desmayen por la falta de oxígeno y sea más fácil consumirlas. Pueden tener **comportamientos caníbales** en ausencia de otras presas.

Son atraídos hacia las luces brillantes durante la noche, lo que permite que los pescadores los atrapen con relativa facilidad. Los calamares de Humboldt son depredadores extraordinarios que merecen nuestro respeto, admiración, y esfuerzo para su conservación.

Curiosidad

El calamar corta y desgarra la carne de su víctima con su pico y rádula. La rádula es exclusiva de los moluscos y es una cinta quitinosa de dientes diminutos que se utiliza para cortar los alimentos antes de ingerirlos.

ID Card

- **Nombre científico:** *Eschrichtius robustus*
- **Tamaño:** los ballenatos miden 4.5 m al nacer y un adulto puede alcanzar 15 m
- **Peso:** los ballenatos pesan 600 kg al nacer y un adulto puede pesar hasta 40 toneladas
- **Longevidad:** se estima 50-60 años
- **Dieta:** se alimentan de invertebrados en la columna de agua
- **Reproducción:** llegan a la madurez sexual entre los cinco y 11 años, cuando llegan a medir 11-12 m
- **Estado de conservación:** preocupación menor
- **Signos particulares:** los patrones de colores en el dorso ayudan a identificar individuos diferentes de la especie

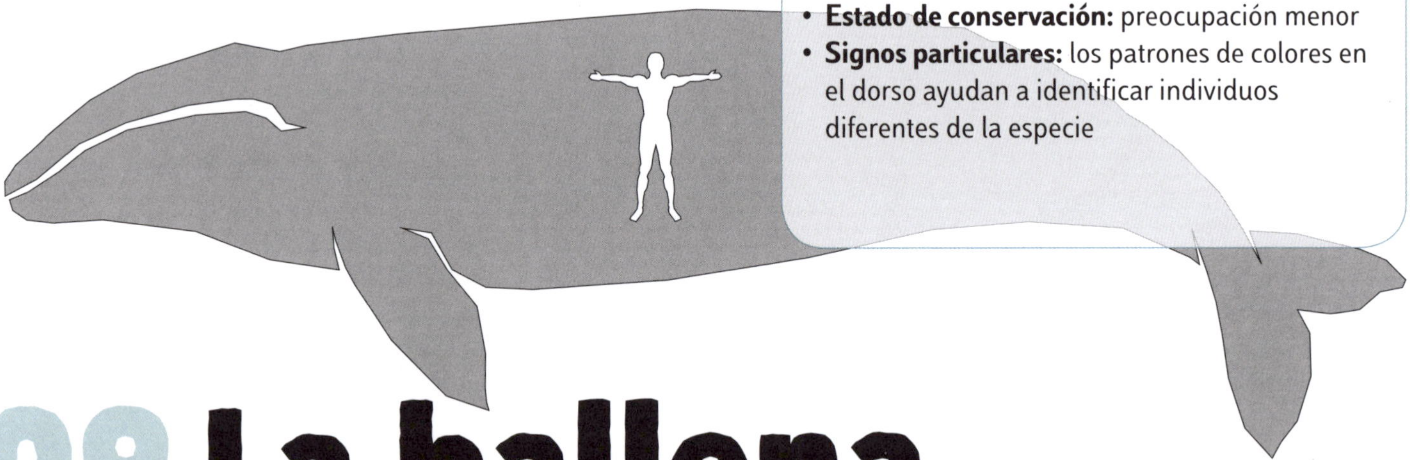

09 La ballena gris

La gran viajadora

Una de las mayores **migraciones** sobre la Tierra en realidad ocurre en el mar, en el Océano Pacífico. La ballena gris realiza un viaje redondo de **más de 20,000 kilómetros anuales**, desde las productivas aguas de Alaska y Canadá, donde se alimenta y acumula reservas, hasta las lagunas de Baja California Sur, donde se aparea y da a luz su cría.

Las madres alimentan a sus **crías**, durante siete meses, con una leche muy rica en grasa (53%, comparada con el 2% de la leche materna humana) Las crías toman en promedio 190 litros de leche al día.

Las ballenas adultas tienen el cuerpo cubierto de **balanos**, los ballenatos no, los van adquiriendo a lo largo de su vida.

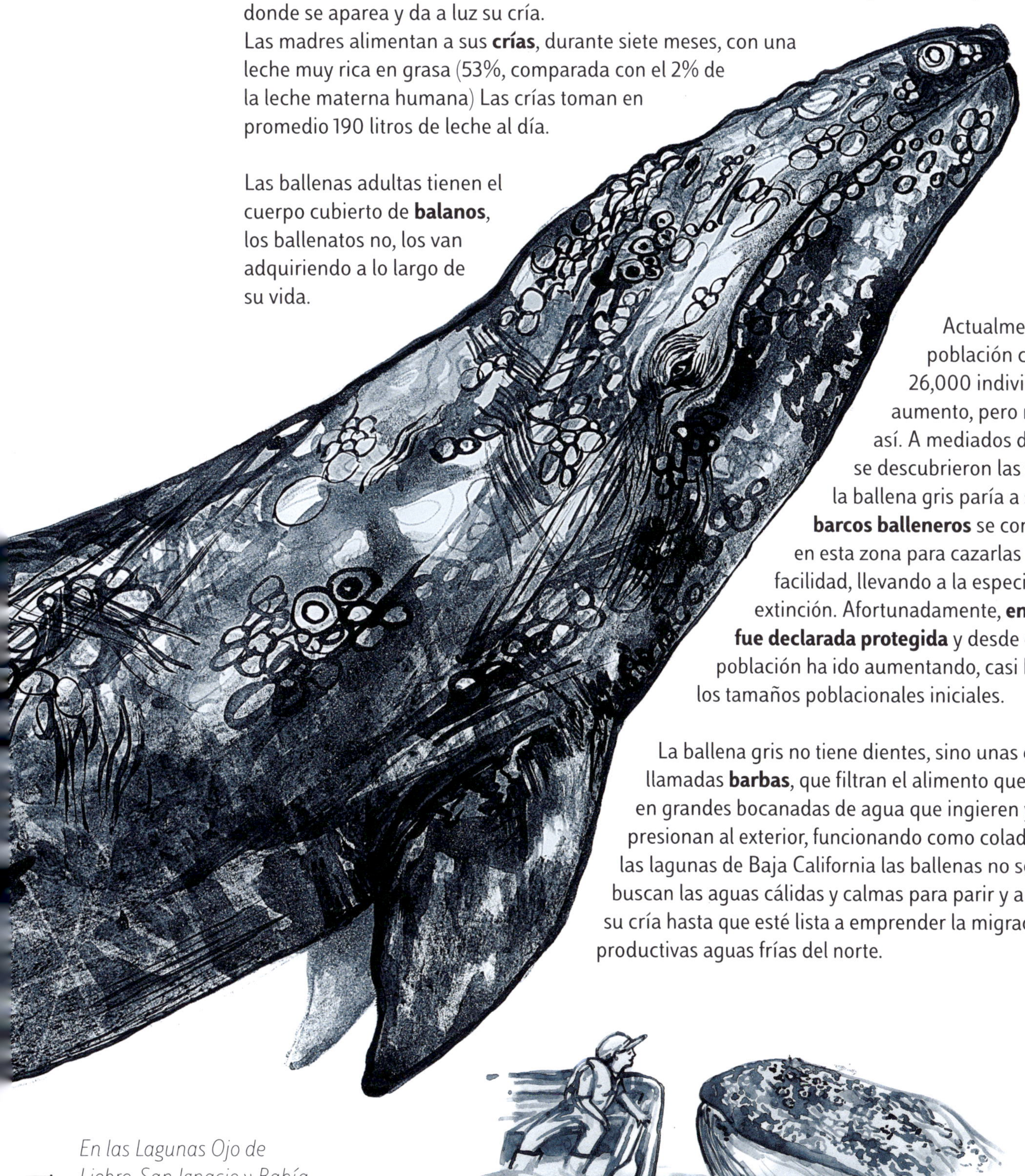

Actualmente la población cuenta con 26,000 individuos y está en aumento, pero no siempre fue así. A mediados del **siglo XIX** se descubrieron las zonas donde la ballena gris paría a sus crías. Los **barcos balleneros** se concentraron en esta zona para cazarlas con relativa facilidad, llevando a la especie casi a la extinción. Afortunadamente, **en 1947 la especie fue declarada protegida** y desde entonces la población ha ido aumentando, casi hasta alcanzar los tamaños poblacionales iniciales.

La ballena gris no tiene dientes, sino unas estructuras llamadas **barbas**, que filtran el alimento que se encuentran en grandes bocanadas de agua que ingieren y después presionan al exterior, funcionando como coladera. Pero en las lagunas de Baja California las ballenas no se alimentan, buscan las aguas cálidas y calmas para parir y amamantar su cría hasta que esté lista a emprender la migración hacia las productivas aguas frías del norte.

Curiosidad

En las Lagunas Ojo de Liebre, San Ignacio y Bahía Magdalena es posible acercarse, y con suerte, tocar a las amigables ballenas. ¡Una experiencia altamente recomendable!

¿Un león alérgico al polvo? ¿Un oso polar friolento? ¿O un ave marina que no se puede mojar? Los primeros dos no sé si existen, pero te presento el tercero: la fragata, o tijereta es una maravillosa **ave marina que no puede mojar sus plumas**, si bien su vida depende del mar. A pesar de ser de la misma familia de pelícanos y cormoranes, las fragatas **no tienen patas palmeadas** y **tampoco plumas impermeables**. Estas características hacen que sea imposible para una fragata mojada retomar vuelo desde el agua.

Cuando nacen están cubiertas de plumón blanco como la nieve, las parejas ponen solo un huevo y lo cuidan y defienden de las otras fragatas machos. El peligro no es que lo coman si no que roben los palitos del nido para construir el suyo.
Una vez volantón, el pollo observa a las madres que, con ligereza y agilidad, se acercan lo más posible a la superficie del mar y, al ver que una sardina perseguida por un delfín está nadando hacia arriba, hunde el pico y lo agarra recuperando rápidamente altitud. ¡Eso es todo, juego de niños! ¡Los pollos las miran con asombro! Ellos también podrán hacerlo, tal vez intentando unas cuantas veces más y aprendiendo a seguir las rutas de delfines y atunes, que empujan las presas cerca de la superficie, donde puedan atraparlos sin arriesgarse a caer al agua y no poder volar más. **Aprender a comer y beber sin mojarse requiere mucho tiempo**, esto hace que los cuidados parentales sean muy largos (más de un año). La mamá se encarga mientras el papá abandona el nido después de 2/3 meses.

10 La fragata tijereta

El ave marina que no se puede mojar

ID Card

- **Nombre científico:** *Fregata magnificens*
- **Envergadura:** 2.30 m
- **Peso:** 1.5 kg
- **Longevidad:** hasta 20-30 años
- **Dieta:** sus presas favoritas son los peces voladores
- **Reproducción:** las hembras se reproducen poniendo 1 huevo cada 2 años y los machos cada año
- **Estado de conservación:** preocupación menor aunque las poblaciones están disminuyendo en todo el mundo. En Baja California Sur, en los últimos 15 años, desapareció la que era la colonia más grande del mundo
- **Signos particulares:** las plumas pesan más que el esqueleto

¡A la edad de 8 meses ya es hora de que extiendan sus alas y comiencen a practicar, se necesita **velocidad** y **atención** para poder regresar al nido con el estómago lleno!

Una fragata puede cruzar la península de Baja California hasta 3 veces al día sin esfuerzo, si no logra decidirse en dónde prefiere comer. Si después de comer quieren descansar un poco, pueden dormir flotando en el cielo, especialmente al atardecer, cuando el cielo se vuelve rosa y naranja.
De hecho, los **viajes de alimentación** pueden durar varios días, para descansar las fragatas **duermen volando**, mitad del cerebro descansa mientras la otra mitad queda despierta para controlar su entorno. Cuando regresan a tierra es importante dejarlas descansar para que se recuperen. Las fragatas son esas criaturas brillantes que, sin aletear sus alas, observan el mundo en silencio.

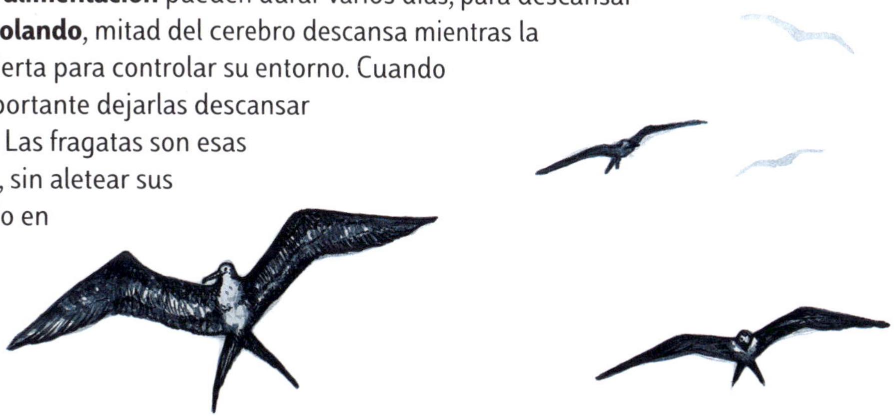

Curiosidad

Las hembras son negras con el pecho blanco y son un poco las grandes de los machos. Estos son todos negros y tienen un buche rojo que inflan durante el cortejo para impresionar su pareja.

¡Un avión bajo el mar! No, en realidad es una manta gigante, uno de los peces más grandes del mundo. Es **pariente de los tiburones**, aunque con muchas adaptaciones que las hacen menos aterradoras, aparte de su tamaño. Han perdido los dientes puntiagudos y afilados y los han cambiado por **varias filas de dientes cuadrados pequeños**, que no les sirven para alimentarse, pero sí para la reproducción.

Como la ballena gris y el tiburón ballena, se alimentan de plancton, que necesitan consumir en grandes cantidades para cubrir sus necesidades. El plancton es tan pequeño que no es necesario masticarlo. Por el contrario, ¡la manta gigante puede alcanzar hasta 7 metros! Y su inteligencia no se queda atrás. La manta gigante posee **el cerebro más grande de todos los peces**. Tienen además un par de aletas al lado de la boca, que les ayuda a canalizar el alimento hacia la boca. Para mantenerse vivas, es necesario que las mantas estén en **constante movimiento**, para que el agua rica en oxígeno pase por sus agallas. Y para cuidarse, visitan "**estaciones de limpieza**" para que diferentes especies de peces eliminen a los parásitos de su piel.

Fueron abundantes en el Golfo de California, pero la **sobrepesca** llevó a una ausencia de varios años. En fechas recientes ha habido algunos avistamientos, por lo que es necesario protegerlas y permitir que regresen en número mayores. A pesar de su tamaño, son completamente inofensivos a los humanos, por lo que dependen de nuestra ayuda para poder subsistir.

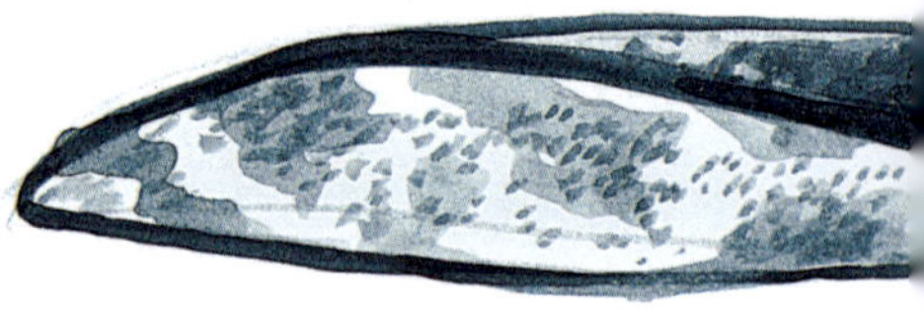

11 La manta gigante

Los majestuosos angeles del mar

ID Card

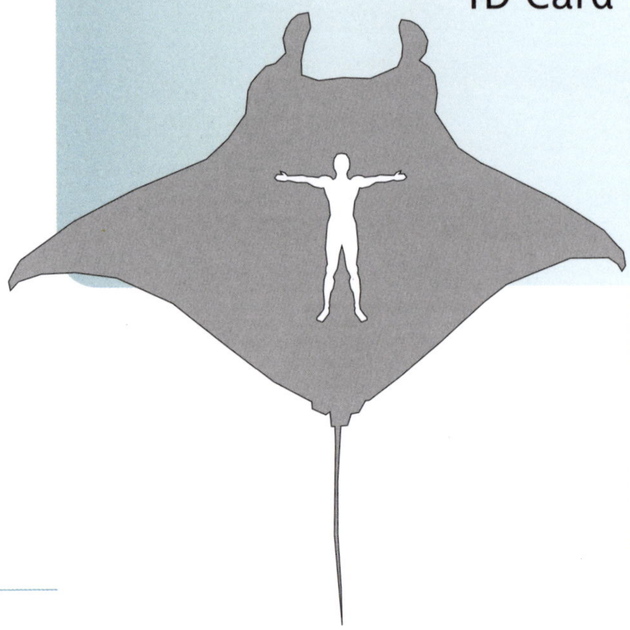

- **Nombre científico:** *Mobula birostris*
- **Tamaño:** hasta 7 m
- **Peso:** mas de 1 tonelada
- **Longevidad:** hasta 50 años
- **Dieta:** plancton
- **Reproducción:** alcanzan la madurez sexual a los 10 años y producen una cría cada tres-cuatro años
- **Estado de conservación:** amenazada
- **Signos particulares:** las marcas de colores en el cuerpo son utilizadas para identificar a los diferentes individuos

Curiosidad

Aunque pesan más de 1 tonelada, pueden saltar fuera del agua.
Pueden alcanzar velocidades de hasta 24 km/h y se han observado a 560 m de profundidad.

Hay unos **islotes**, por aquí y por allá, en el Golfo de California que parecen simplemente un montón de piedras amontonadas, con grietas y huecos. Hay pequeñas cuevas oscuras que esconden aire fresco y proveen silencio cuando el sol está alto y las olas rompen en los arrecifes. Allí **durante el día se esconden** petreles, desconocidos a los demás, compañeros de los pescadores en los días de **tempestad**, los únicos momentos en que se acercan a la tierra durante el día. Su reino es la noche.

Entran y salen de las grietas en **silencio**, si hay luna, desaparecen y las grietas parecen deshabitadas, pero cuando está oscuro hay miles de petreles completamente negros que vuelan en la **oscuridad** y viajan entre el mar y sus nidos para llevar a sus pollos lo que pescaron.

Cerca de las colonias hay miles des **ombritas negras** que se mueven con un ligero crujido de alas como pequeños fantasmas contra el cielo estrellado sin ruido cerca de los lobos marinos que bostezan, las olas que acarician las piedras. En cuanto llega la luz de la luna o el amanecer, la magia se interrumpe: el cielo se vuelve solitario nuevamente, el crujido de las alas desaparece: los petreles ya están en alta mar.

Los petreles pescan en la superficie del agua. ¡Bueno no solo en la superficie! ¡Son muy buenos buceadores! ¡Llegan a más de **10 metros de profundidad**, y si consideras que son muy pequeños es un buceo increíble!

12 El petrel de tormenta

El misterioso habitante de la noche

ID Card

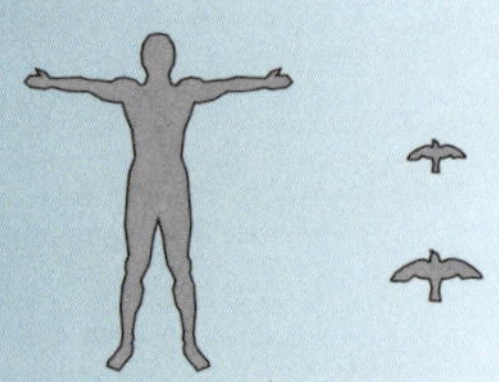

- **Nombre científico:** Petrel mínimo: *Hydrobates microsoma*; negro: *Hydrobates melania*
- **Envergadura:** mínimo: 32 cm; negro: 51 cm
- **Peso:** mínimo: 18 g; negro: 58 g
- **Longevidad:** hasta 30 años
- **Dieta:** microzooplankton
- **Reproducción:** ponen solo un huevo que pesa el 25% de la mamá
- **Estado de conservación:** preocupación menor aunque ambas poblaciones están disminuyendo
- **Signos particulares:** sus cuerpos son tan ligeros que pueden volar con un soplo de viento

Son aves que no tienen ninguna defensa contra los depredadores, su pico es suave como de hule y sus patas palmeadas son muy pequeñas y frágiles. Por eso son **muy vulnerables**. En la misma colonia pueden vivir juntas diferentes especies, como el **petrel mínimo** y el **petrel negro**, que pesa poco mas del doble del mínimo.

Curiosidad

El petrel mínimo es el ave marina más pequeña del mundo, es de la misma familia de los albatros, las aves marinas más grandes.

Cecilia Soldatini

Cecilia se enamoró del mar desde joven; la vela y el buceo han sido sus deportes favoritos. Después de sus estudios en ecología de la conducta animal y ciencias ambientales entre Italia y Escocia, se especializó en el estudio de las aves marinas. Llegó a uno de los paraísos de las aves marinas, las islas de Baja California en el noroeste de México en 2006. Es madre de dos niños fantásticos y disfruta compartir su amor por las criaturas marinas con ellos y con todos los jóvenes exploradores curiosos como tú. Como investigadora en CICESE (Centro de Investigación Científica y Educación Superior de Ensenada), participa en varios proyectos de investigación y conservación de fauna y ecosistemas marinos e insulares y enseña sobre ellos a estudiantes de licenciatura y posgrado.

Yuri V. Albores Barajas

Yuri ha viajado por el mundo gracias a las aves. Estudió y se especializó en Biología entre México, Inglaterra, Escocia e Italia. Sus proyectos y colaboraciones lo han llevado desde el techo del mundo, en el parque nacional Sagarmatha (Everest), a islas en el norte de Escocia, a islas en el Mediterraneo, y a las Malvinas, en el Atlántico Sur. Hace pocos años se estableció con su familia en la península de Baja California, donde es profesor investigador en la Universidad Autónoma de Baja California Sur. Su pasión son las aves marinas en general, y los albatros, pardelas y petreles en particular. Ya tuve la oportunidad de ver muchas especies en primera persona, ¡pero la lista seguirá creciendo! Actualmente estudia diferentes especies de aves marinas en el Golfo de California y en el Pacífico.

Monica Parussolo

Monica Parussolo es ilustradora, enseñante de ilustración y directora creativa de una colección editorial. Se dedica al arte con una mirada especial reservada a la naturaleza de la cual se inspira profundamente y se deja guiar. Sus trabajos han sido elegidos para concursos y exposiciones; está incluida en el catálogo Annual de los Ilustradores Italianos 2022.

Texto
Cecilia Soldatini
Yuri V. Albores Barajas

Introducción
Horacio de la Cueva

Ilustraciones
Monica Parussolo

Design y layout
Italo Meneghini

Revisión editorial
Anna Martinelli
Giovanni Simeone

Prestampa
Fabio Mascanzoni

Primera edición: 2022
ISBN: 978-1-952643-03-3

Publicado y distribuido en los Estado Unidos por
SUNSET & VENICE, LLC
www.sunsetandvenice.com - contact@sunsetandvenice.com
T. 323 522 4644

Distribuido en México por Moscatel BCS s.a. de c.v.
www.bajacaliforniagallery.com - info@bajacaliforniagallery.com

Distribuido en Europa por Sime Srl
www.simebooks.com - info@simebooks.com
T.+39 0438 402581